Wandertage vor achtzig Jahren

Herstellung und Verlag: BoD - Books on Demand, Norderstedt

ISBN 9 783757 891770

Wandertage

eines Jungen vor achtzig Jahren

Die Stunden zwischen

Krähengeschrei und **Gondelteich**

in Aschersleben

Rolf B. Theuring

Jeder Mensch ist

ein Kind seiner Zeit

Inhalt

Wenn der Großvater Erinnerungen aus seiner Kindheit erzählt, dann lassen wir ihn meistens erwartungsvoll gewähren.

Wenn er das, was er zu berichten weiß, mit dem Ort des Geschehens verbindet, dann wird seine Geschichte Wirklichkeit. Im Folgenden geht es um eine kleine Stadt im Harzvorland. Lassen wir den alten Herren doch mal berichten.

Die Geschichte handelt hauptsächlich in den vierziger Jahren des vOrigen Jahrhunderts, als die meisten von uns noch gar nicht geboren waren. Da war unser Großvater ein halbwüchsiger Junge, der noch nicht einmal ein Handy besaß.

EIN STADTKIND DER ERSTEN GENERATION

Die Heimat ist für jeden der Ort, wo er geboren ist, die Muttersprache gelernt hat und zur Schule gegangen ist.

Der Heimatort ist für den Jungen von damals der gleiche geblieben wie am Tag seiner Geburt. Doch der alte Herr wohnt jetzt weit entfernt im Land Brandenburg. Die kleine Stadt, die Heimat, lebt nur noch in seiner Erinnerung.

Schon als junger Mensch hat er nie im Mittelpunkt der Aufmerksamkeit stehen wollen. Das ist ihm auch oft geglückt. Wer nicht zum Mittelpunkt des Geschehens drängt, kommt selten zu Ruhm und Ehren. Wer hingegen von Ruhm und Ehren nicht so viel hält und seine Freiheit in der Natur sucht, der macht sich frei von manchen Zwängen.

Seine Vorstellung von Freiheit wurde in der Natur geprägt. In ihr spielen Rücksichtnahme auf Mensch und Umwelt und die Fähigkeit zum selbständigen Handeln eine entscheidende Rolle. Am nächsten kommen ihm in seinem Wesen wohl diejenigen, die ihn für einen Menschen halten, der nur das macht, was er für richtig hält. Das tun viele andere Menschen natürlich auch. Er selbst hält sich für einen Menschen, der die Fähigkeit zum kurz entschlossenen Handeln für wichtiger hält als den vorauseilenden Eifer.

Keiner von uns hat seine Kindheit verpasst. Jeder hat sie erlebt. Das Leben hat jeden zu einer eigenen Persönlichkeit werden lassen. Dazu gehört auch das Verhältnis, das man zu seinem Heimatort hat. Dieses Verhältnis gestaltet jeder selbst.

Es ist merkwürdig. Wenn er heute, nach so vielen Jahren, durch die Straßen seiner Heimatstadt geht, stellt er auf Schritt und Tritt fest, dass die meisten Straßen und Plätze anders aussehen, als er sie in Erinnerung hatte. Er wird sich bewusst, dass er seit mehreren Generationen nicht mehr ein Bürger dieser Stadt ist, sondern nur ihr Gast. Er wohnt nicht mehr hier.

Auch als Gast befindet er sich gern in dieser nahe am Harz gelegenen Stadt. Hier hat er alle Höhen und Tiefen seiner Kindheit erlebt. Hier hat er ein Handwerk gelernt und von hier aus ist er in die weite Welt gezogen. Er hat später seiner Stadt mit unzähligen Besuchen und Aufenthalten seinen Respekt und seine Zuneigung erwiesen. Heute ist ihm nur noch die Erinnerung an diese Stadt geblieben.

Was er über seine Stadt zu berichten weiß, das ist Geschichte. Er hat als Kind und junger Mensch alle Straßen der Altstadt zur Genüge durchwandert. Vieles ist in seiner Erinnerung wach geblieben. Manches hat er vergessen.

Daran wird er beim Anschauen erst wieder erinnert. Manches ist für ihn in dieser Stadt neu.

Woran ihn niemand zu erinnern braucht, das sind die erhalten gebliebenen Teile der alten Stadtmauer mit dem imposanten Johannisturm. Da sind die Figur auf dem Holzmarktbrunnen, die eiserne Elle am Rathausturm, das Plätschern des Wassers in der Pferde-Eine, die Hochwassermarken in der Straße *Am Steintor* und natürlich die Nienefee.

Er ist ein Stadtkind der ersten Generation. Seine Eltern kamen aus dörflichem Milieu. Da ist es nicht verwunderlich, dass er das Leben in der freien Natur dem Leben in der Stadt vorzieht. Außerhalb von Mauern und Zäunen hat er stets sein Dasein genossen, auch in seiner kleinen Stadt und in Zeiten des Marschierens und der strengen Reglementierungen. Von dem, was er als heranwachsender Mensch am Rande der Stadt gesehen, erlebt und erfahren hat, soll im Weiteren die Rede sein.

Die Tage seiner Kindheit und frühen Jugend hat er in der Obhut seines Elternhauses verbracht. Was er als Kind jenseits aller politischen Zwänge erlebt und erfahren hat, ist nur ein kleiner Ausschnitt aus dem Geschehen in jener ereignisreichen Zeit.

IM KRÄHENGESCHREI

Hier hat es angefangen. Wenn du durch die *Bahnhofstraße* gehst, kommst du gleich hinter dem *Siebzehner Berg* auf die *Appelallee* und danach wieder auf die *Bahnhofstraße*. Nach der nächsten Straßenkreuzung bist du schon *Im Busch*. Trotz der irreführenden Straßennamen kannst du dich gar nicht verlaufen. Doch jetzt aufgepasst! Wenn du hier geradeaus weiter gehst, kommst du vom rechten Weg ab.

Nach wenigen Schritten findest du auf der rechten Straßenseite einen schmalen Durchgang, eine Schlippe, wie man hier sagt. Wenn du da einbiegst, bist du genau richtig. Das ist der kürzeste Weg ins Krähengeschrei. Dieser Weg hat sich damals für uns Halbwüchsige eine Zeitlang als Weg in die Freiheit angeboten, wo man tun und lassen konnte, was man wollte. Nur zu essen gab es hier nichts. Dieser Mangel störte uns am Anfang des Krieges nicht. Da war Hunger noch ein Fremdwort für uns.

Die Schlippe war ursprünglich für den Abfluss von Regenwasser eingerichtet worden, das sich auf der Straße *Im Busch* sammelte und keinen Abfluss hatte. Die Abflussrinne nimmt die halbe Breite der Gasse ein. Daneben verläuft ein Trampelpfad. Den kann man nur im Gänsemarsch begehen. Daneben steht eine Lehmwand. Sie hat eine ungleichmäßige Höhe, so wie der Zahn der Zeit an ihr genagt hat. Durch eine größere Lücke kannst du das dahinter liegende Grundstück einsehen.

Hier hat der Osterhase seinen Garten. Der steht voller Blumen. Der Osterhase ist bekanntlich männlich wie der Weihnachtsmann und der Gartenzwerg. Genauso komisch wie die beiden ist er auch.

Wir nannten den älteren Mann, der hier seinen Garten pflegte, den Osterhasen. Er hatte sich diesen Ruf wegen seiner Erscheinung zugezogen. Er kam immer mit dem Fahrrad und hatte eine Kiepe auf dem Rücken. Passend dazu paffte er stets eine Shagpfeife. Wenn er dann wieder wegfuhr, hatte er die Kiepe voller Blumen. Wir begegneten ihm mit Respekt, wussten wir doch, dass er das Abbild des wahren Osterhasen war.

Sein Garten reichte von der Straße bis zum weiter unten verlaufenden Mühlgraben. Das Wasser im Mühlgraben kam von der Kreuzmühle her, wo es sein Werk als Energiespender verrichtet hatte, und floss zur Buschmühle, die etwas weiter stromabwärts stand.

Über eine Fußgängerbrücke gelangten wir in das Krähengeschrei, eine Feldmark der Stadt aus früheren Zeiten. Wir haben hier nie eine Krähe schreien gehört. Die Krähen krähen doch nur. Oder wir haben einfach ihr Geschrei überhört, wie das bei Jungen in diesem Alter üblich ist. Vielleicht haben sie aber auch nur im Mittelalter hier geschrien, als sie in dieser Gegend noch Spaß am Schreien hatten. Die Wissenschaft mag es ergrünen.

Vor uns breitete sich nun eine Wiese aus, die es im weitesten Sinne des Wortes in sich hatte. Bei schlechtem Wetter standen hier Pfützen. Im Krieg kam man auf die Idee, durch Kriegsgefangene eine Dränage aus Tonrohren einbauen zu lassen, um dem hohen Wasserstand abzuhelfen. Am Wiesenrand fand sich hier und dort etwas Schilf, die unentbehrliche Munition für unsere Flitzebögen. Sogar Kätschke konnten wir schneiden, das für die Pfeile unentbehrlich ist. Kätschke war eines der oft strapazierten Wörter im Sprachgebrauch der Jungen unseres Alters. Es handelt sich um ein wenige Zentimeter langes Stück Holunderzweig. Aus ihm wird gerade so viel Mark entfernt, dass ein Schilfrohr straff darin sitzt. Dieses Stück Holunderzweig bildet die Spitze des Pfeils und gibt ihm die nötige Stabilität im Flug. Allerdings muss Kätschke immer wieder erneuert werden, weil es schnell verschleißt. Man kann damit nicht mal eine Fliege erschießen. Aber wir waren ja auch keine Fliegenjäger.

Flussabwärts verlief ein Fußweg neben dem Mühlgraben. Zwischen diesem Weg und dem Mühlgraben stand eine Reihe stattlicher Weiden. Manchen von ihnen sah man schon das fortgeschrittene Alter an. Andere waren stark und drei Stockwerke hoch. Sie alle wurden das Ziel unseres vom Kindesalter geprägten Klettereifers.

Baumklettern macht Kindern wirklich Spaß. Wir bestiegen unsere Bäume selbstverständlich ohne Stricke und Leitern. Wie stolz waren wir doch, als wir sämtliche Baumkronen bezwungen hatten. Das Risiko und die Gefahren des Kletterns haben wir Jungen nicht erkannt. Dass Klettern in Bäumen gefährlich sein kann, ist uns Kindern nicht in den Sinn gekommen. Zum Glück haben wir keinen Unfall gehabt.

Als wir einmal zu zweit in einer Baumkrone saßen und uns unterhielten, kam Tante Minna unten vorbei. Sie wollte in ihren Schrebergarten, der nicht weit entfernt vom Wege lag. Die Tante erkannte die Stimme ihres Neffen und rief nach ihm. Leider konnte er ihr aus Sicherheitsgründen nicht antworten, weil das für uns mit einem Kletterverbot geendet hätte. Sie hat das Ufer des Mühlgrabens vergebens nach uns abgesucht, nicht ahnend, dass wir in einer Baumkrone über ihr saßen. Zu Hause hat sie ihrer Schwägerin später gesagt, dass sie mit Sicherheit die Stimme des Jungen gehört habe. Doch sie glaubte, Geisterstimmen gehört zu haben.

Die Weiden wurden von Zeit zu Zeit beschnitten. Da konnten wir uns bei passenden Gelegenheiten mit dünnen Zweigen für unsere Flitzebögen versorgen. Wir haben uns wohl auch mal mit dem Bau von Faschinen beschäftigt. Das sind Reisigbündel von mehreren Metern Länge und mit bis zu dreißig Zentimetern Durchmesser. Sie werden mit Bindedraht zusammengehalten und für die Uferbefestigung von Flüssen und Seen verwendet. Da wir keinen Bindedraht fanden, haben wir unsere Bemühungen bald wieder eingestellt.

Wir hatten nicht nur Erfolgserlebnisse zu verzeichnen. Es gab auch Grund, aus Fehlern, die wir machten, zu lernen. Einer unserer Freunde hat uns dafür ein lehrreiches Beispiel geliefert.

Es war in der kalten Jahreszeit. Der Pechvogel war wohl zehn Jahre alt. Zu unserem Revier gehörte natürlich auch die Feuchtwiese. Im Winter waren hier die Pfützen besonders zahlreich. Sie tauten und gefroren, wie das Wetter es befahl.

Ein metertiefer Graben sollte die Wiese entwässern. Doch sein Abfluss war verstopft. Das Wasser im Graben war bis zum Rand in Schichten gefroren.

Es war eine Freude, die Eisschicht auf den Pfützen zu zertreten. Das knackte und knirschte so schön. Beim Anblick des verführerischen Grabens, der von einer spiegelglatten Eisschicht bedeckt zu sein schien, kam unserem Gefährten eine wahnwitzige Idee. Mit einem kurzen Knüppel in der Hand, den er senkrecht vor sich hielt, erklärte er, er sei jetzt der Reichsmarschall.

Reichsmarschall war der höchste Rang in der deutschen Wehrmacht. Er wurde 1940 an Hermann Göring verliehen, der für seine Prahlerei und Renommiersucht bekannt war.

So schritt unser Spielkamerad würdevoll auf den Graben zu, den er bei seiner Neigung, sich für Dinge zu begeistern, wohl für einen roten Teppich hielt. Einer rief ihm zu: „Ernst, lass den Quatsch sein!" Doch da war es schon geschehen. Er war samt seinem Marschallstab beim ersten Schritt auf das Eis des Grabens bis zum Bauch in seinen vermeintlich roten Teppich eingebrochen. Nun tat Eile not. Wir liefen schnell nach Hause, wo er der Mutter sein Missgeschick vor Kälte zitternd beichtete. Vom Ergebnis der Aussprache ist nichts überliefert.

*

Der Entwässerungsgraben verlief übrigens an mehreren Gärten vorbei, teilweise unterirdisch, bis zur Brücke über den Mühlgraben unterhalb der Buschmühle. Dort mündete er in zwei Metern Tiefe im Mühlgraben. Die Mündung konnte man nur in tief gebückter Haltung betreten. Das hätte wohl niemand freiwillig getan.

Dieses Loch hat einem von uns drei Jahre später eine unfreiwillige Zuflucht vor amerikanischen Fliegerbomben geboten. Das Wasser stand dem Jungen bis zu den Knien. Das war gewiss nicht mehr das gelobte Krähengeschrei.

Das Eine-Flüsschen fließt bekanntlich mit beträchtlichem Gefälle durch die Stadt. Das führte im Laufe der Zeit zur Ansiedlung zahlreicher Mühlen, die die Wasserkraft der Eine nutzten. Dazu gehörte auch die Buschmühle. Sie hat an dem schon erwähnten Mühlgraben gelegen. In der vorindustriellen Zeit hat es in der kleinen Stadt und ihrer näheren Umgebung ungefähr ein Dutzend Wassermühlen gegeben, wenn auch nicht alle zur gleichen Zeit existiert haben. Die Mühlen lagen unmittelbar am Flusslauf oder an einem Mühlgraben.

WEGE AUF DEM SALZKOTH

Es war noch kein Jahr vergangen, da reichte uns die Freiheit im Krähengeschrei nicht mehr. Die Welt war doch viel größer. Und der erste Schritt dorthin ging über den Stadtrand hinaus. Neugier und Abenteuerlust trieben uns um. Meist waren wir zu mehreren unterwegs.

Hinter der Buschmühle begann irgendwo der *Salzkoth*. Die Gegend hat diesen merkwürdigen Namen vor langer Zeit erhalten. Das machte uns neugierig. Das Salz in diesem Namen war dabei nicht so interessant.

Wer zum Salzkoth will, der sollte zuvor einen kleinen Abstecher zur Speckseite machen.

Die Speckseite ist ein unbearbeiteter Quarzit, der mannshoch aus dem Boden ragt. Er ist etwa zwei Meter lang und bis zu dreißig Zentimetern stark. Dem Aussehen nach hat er seinen Namen verdient. Die untere Hälfte steckt tief im Boden. Er wurde zweifelsfrei von Menschenhand aufgestellt. Von aller Welt fast vergessen wacht er nun schon seit dem Ende der Steinzeit am östlichen Stadtrand mehrere Meter hoch über seiner Umgebung auf einem längst ausgeraubten Hügelgrab.

Die Speckseite befindet sich unmittelbar hinter dem Bahndamm der Eisenbahnstrecke nach Halle. Zu unserer Zeit war das noch die Bahnlinie von Köln nach Breslau. So stand es an den D-Zug-Wagen geschrieben. Die Speckseite ist ein sagenumwobener Stein.

Diesen Stein muss man mal gesehen haben. Als es hier noch keine Bahnstrecke gab, war die Speckseite leicht zu finden. Sie galt in der Landschaft sogar als Orientierungspunkt, wenn man die Buschmühle suchte.

An der Speckseite haben sich schon viele Menschen vergeblich bemüht, einen Drahtstift in die Poren des Gesteins zu hämmern. Es ist unbegreiflich, wie man da vor Jahrhunderten Hufnägel in die Poren des Steins einschlagen konnte. Man muss ja auch nicht unbedingt wissen, wie und warum manches früher geschehen ist.

Größtes Interesse fand freilich für uns Jungen alles, was wir *Im Busch* und seiner ferneren Umgebung an Gewässern entdeckten. Der Salzkoth war ein Anziehungspunkt für jugendliche Wasserfreunde. Zwar kann man hier weder schwimmen noch mit einem Kahn fahren. Das Besondere der Gegend besteht darin, dass hier zwei kleine Flüsse nebeneinander fließen und sich erst vor der nächsten Ortschaft entschließen, gemeinsame Sache zu machen. Hinzu kommt, dass jeder Fluss einen Mühlgraben besitzt. So etwas hat für Kinder immer einen besonderen Reiz.

Doch woher hat diese Gegend ihren Namen? Nie wären wir darauf gekommen, dass der Salzkoth im späten Mittelalter eine Anlage zur Salzgewinnung gewesen ist. Seinerzeit gab es in unserer weiteren Umgebung noch keinen Salzbergbau. Aber es gab eine Solquelle. Die ist inzwischen versiegt. Zu unserer Zeit existierte an dieser Stelle noch ein Solbad. Das hat seinen Betrieb vor Jahrzehnten eingestellt. Geblieben sind der Name der Gegend und die Gewissheit, dass man hier auf dem Salzkoth die Ruhe der Natur genießen kann.

Wenige Wege führen zum Salzkoth. Der bequemste Weg zum Salzkoth ist eine nicht viel befahrene Straße, die von der Buschmühle ausgeht. Daneben gibt es noch einen Wanderweg und mehrere Schleichwege, die nur wir Kinder kannten. Wenn wir es eilig hatten, benutzten wir den Fahrweg. Das kam aber selten vor.

Der *Walkmühlenweg* wäre für uns, wenn wir aus der Bahnhofstraße kamen, ein Umweg gewesen. Wir benutzten ihn nur ein kurzes Stück, wenn wir zum MTV wollten. MTV? – Das war das Freibad des **M**änner-**T**urn-**V**ereins. Frauen durften da natürlich auch rein. Sonst hätte das Schwimmen für die heranwachsende männliche Jugend nicht so großen Spaß gemacht.

Der traditionsbewusste Wanderer benutzt für den Weg zum Salzkoth den *Walkmühlenweg.* Der beginnt am *Pfeilergraben,* führt entlang der Eine und Wipper und endet jenseits der alten preußisch-anhaltinischen Landesgrenze, also an der Walkmühle vor Mehringen. Da kommt man am MTV und dann am Salzkoth vorbei, wo sich alle Wege treffen.

Die auf dem Salzkoth stehenden Häuser konnte man

seinerzeit an einer Hand abzählen: das Gebäude einer Heilstätte, ein Gasthaus, das Solbad und die Kothmühle.

Wer jetzt nach rechts abbiegt, gelangt zum Quellgrund. Das scheint erwähnenswert zu sein, weil hinter dem Quellgrund das Feld liegt, auf dem im Zweiten Weltkrieg die erste für unsere Stadt bestimmte Fliegerbombe einschlug.

Vielleicht hatte sich der britische Bomberpilot gar nicht beim Zielen geirrt, sondern ein Zeichen am Stadtrand setzen wollen für das, was den Deutschen blühen würde, wenn sie den Krieg fortsetzen würden. Dieser Bombeneinschlag war jedenfalls ein Großereignis. Damals wusste noch keiner, wie grausam der Krieg für uns alle noch werden würde.

Aber nun sind wir wieder auf dem Weg über den Salzkoth zur Walkmühle. Sobald wir den Mühlgraben an der Kothmühle und die damals noch zweigleisige Bahnstrecke nach Halle überquert haben, folgen wir dem Fußweg rechts der Wipper flussaufwärts.

Wir sind auf dem letzten Abschnitt des Weges zur Walkmühle angekommen. Die liegt schon auf dem vormals anhaltinischem Gebiet. Hier endet der *Walkmühlenweg*. Kurz vor der Walkmühle haben wir Jungen auf unseren Streifzügen dann doch schlapp gemacht und den Heimweg angetreten.

Der Schreiber legt an dieser Stelle die Feder aus der Hand, weil er sich an eine Begebenheit erinnert, die sich zu viel späterer Zeit hier zugetragen hat.

*

Ich denke zurück an jenen Sommerabend auf dem Walkmühlenweg, der so voller Gefühle war. Ich werde diesen Abend mein Leben lang nicht vergessen.

Ich war achtzehn. Sie war siebzehn. Wir saßen auf einer Bank am Ende des Walkmühlenweges. Die Sonne schickte sich an, für heute zur Ruhe zu gehen. Ihr matter Schein streifte gerade noch die Wiese jenseits der Wipper.

Ich kannte das Mädel neben mir seit mehreren Jahren von geselligen Veranstaltungen mit Schulkameraden. Wir waren auch gemeinsam in der Tanzstunde.

Worüber wir sprachen, kann man sich vorstellen. Das weiß doch jeder, obwohl es immer ein Geheimnis bleibt. Wir unterhielten uns auch über Kindheitserinnerungen, die noch gar nicht so weit zurücklagen. Ich erzählte von meinen Erlebnissen in den da drüben liegenden Westerbergen. In meiner Erzählung kamen ein Dachs, russische Soldaten und zertrümmerte Panzerfäuste aus den letzten Kriegstagen vor, auch ein Bindfaden, mit dem ich Sauerkirschen aus dieser Gegend nach Hause getragen habe. Doch schließlich kamen wir wieder auf das für uns nächstliegende Thema zurück. Sie erzählte von einer Jugendfreundschaft, die wohl noch gar keine Liebe war. Da kam auch der Kuss drin vor, den sie dem Freund verweigert hatte. Wir haben lange und herzlich fabuliert.

Wir haben auch über die ungewisse Zukunft gesprochen und eine Weile miteinander geschwiegen. Da hat sie sich an mich gelehnt. Ich habe sie um die Schulter gefasst.

Nie ist mir ein Heimweg zu später Stunde so tief unter die Haut gegangen wie an diesem Abend. Wir gingen Hand in

Hand. Sie muss über unsere Zukunft mehr geahnt haben als ich. Ich habe nicht geahnt, dass dieses Mädel vier Jahre später meine Frau sein würde.

*

Er verkroch sich zögerlich wieder in die Haut des Geschichtenschreibers und setzte seine Erzählung fort.

Die Westerberge sind nicht nur ein Berghang, den die Wipper auf ihrem Weg in die Saale umfließt. Die Leute haben sachlich, wie sie in dieser Gegend nun mal sind, aus den *Westerbergen* gleich noch einen Straßennamen gemacht. Allerdings gab es da zu seiner Zeit nur die Hausnummer 1. Das war die Villa Lapp.

Keine Straßen, nur Fußwege schließen sich in seiner Erinnerung zu beiden Seiten an die Nummer eins an.

Wer nun wirklich

in die *Westerberge* will, der lässt gleich hinter der Bahnschranke den *Walkmühlenweg* rechts liegen und bleibt auf dem Fahrweg. Nach dem Überqueren der Brücke über die Wipper hat man schon sein Ziel erreicht.

Das Wipperwehr flussaufwärts hatte einst die Aufgabe, das Wasser so weit zu stauen, dass der Mühlgraben zur Kothmühle das nötige Wasser bekam.

Unmittelbar vor uns haben wir die Villa Lapp.

Heinrich Lapp war ein erfolgreicher Unternehmer. Aus dem von ihm gegründeten Tiefbohrunternehmen ist die DEUTAG (Deutsche Tiefbohr-AG) hervorgegangen. Die unter seinem Namen errichtete Villa in den Westerbergen wurde am Anfang des vorigen Jahrhunderts fertiggestellt und erhielt den Namen Villa Lapp.

Aufmerksamkeit für die Eisenbahn. Das Gelände der Gartenanlage um die Villa Lapp interessierte uns Jungen nicht. Aber in den Abhängen rechts und links der Villa sind wir herumgeklettert.

Den Gedanken, die Kanonenbahn zu besuchen, die wohl nicht sehr weit hinter den Westerbergen verlief, haben wir bald wieder fallengelassen. Da wären wir nicht pünktlich zum Abendbrot nach Hause gekommen. Auch war es ein erst später erkannter Irrtum, dass es bis zur Kanonenbahn gar nicht so weit sei. Von der Walkmühle aus wäre es dorthin wirklich nicht mehr weit gewesen.

Kanonenbahn? Was ist das für eine Bahn? Die Kanonenbahn ist eine Eisenbahnverbindung, die im Wesentlichen in den siebziger Jahren des 19. Jahrhunderts gebaut wurde. Sie reichte von Berlin bis zur französischen Stadt Metz, die damals zu Deutschland gehörte. Sie verlief über Güsten und Sandersleben. Die ihr zugedachte strategische Bedeutung hat sie nach ihrer Fertigstellung bald verloren. Doch in der Erinnerung der Bevölkerung ist die Bezeichnung

Kanonenbahn lange Zeit erhalten geblieben. Die Bahnstrecke verläuft einige Kilometer hinter den Westerbergen.

Nun ist ja bekannt, dass sich Kinder generell und manche Erwachsene auch für die Eisenbahn interessieren. Die Geschichte von der Kanonenbahn gab Anlass, das Thema Eisenbahn auch mal aus einer für uns Halbwüchsige interessanten Sicht zu betrachten.

An der Kanonenbahn hatten uns eigentlich nur die Kanonen interessiert. Keiner hatte jemals eine Kanone auf der Eisenbahn gesehen. So etwas wäre doch sehenswert gewesen. Na ja, dann eben nicht.

Was hat übrigens ein Pfennig mit der Eisenbahn zu tun? Wir haben

mal ausprobiert, ob man unter den Rädern einer Lokomotive sein Geld vergrößern kann. Man brauchte einen Pfennig nur auf das Bahngleis zu legen und die nächste Zugdurchfahrt abzuwarten. Der Gedanke war gut. Aber auf dem größer gewordenen Kupferpfennig stand immer noch eine Eins drauf. Das war also kein echter Gewinn. Im Gegenteil. Nun war der Pfennig ungültig, denn er passte in keinen Automatenschlitz mehr rein.

Wir haben die Eisenbahn stets mit dem nötigen Respekt gesehen, denn die Gefahren bei missbräuchlicher Benutzung waren uns doch bekannt.

Jetzt kam uns der Zufall zu Hilfe. Man muss nur aufmerksam durch die Welt gehen.

Eine Bahnschwelle zum Mitnehmen. Hinter dem Schrankenwärterhäuschen am Bahnübergang zu den Westerbergen hatten wir eine Holzschwelle am Abhang liegen gesehen. Die kam uns jetzt wieder in den Sinn. Sie lag unweit vom Ufer der Wipper und war fast völlig von Gras und Unkraut überwuchert. Wir fragten den Schrankenwärter, ob die noch gebraucht wird. Er meinte: Die könnt ihr mitnehmen. Der Mann hatte nicht mit unserer Fülle an Ideen gerechnet.

Wir ließen uns sein Angebot nicht zweimal sagen. Mal sehen, ob die Schwelle schwimmt! Auf einen solchen Gedanken können nur Zwölfjährige kommen.

Wir wälzten das schwere Ding bis dicht vor das Flussufer. Doch dann kamen uns Bedenken. Wenn die Schwelle ins Wasser fällt, schwimmt sie davon und dann sind wir sie los. Schade um das schöne Holz. Da könnte man doch eine Sitzbank oder so etwas draus machen. Wir ließen sie erst mal liegen und fassten noch keinen Entschluss. Wir brauchten Bedenkzeit.

ERLEBNIS SCHILFGRUBE

Wie lange es ndie Schilfgrube schon gibt, ist unbekannt. In unserer Kinderzeit war sie jedenfalls schon lange da. Und zum Mittelpunkt eines kleinen Naturschutzgebietes wurde sie leider erst viel später erklärt.

Bevor die beiden kleinen Harzflüsse Wipper und Eine sich entschließen, auf ihrem weiteren Weg gemeinsame Sache zu machen, fließen sie nebeneinanderher, der eine rechts, der andere links von der Schilfgrube. Es sieht so aus, als hätte ein Zufall der Schilfgrube das Existenzrecht zwischen den beiden Flüssen für immer zuerkannt. Für uns Kinder besaß die Schilfgrube eine magische Anziehungskraft.

Die Wipper und die Eine sind an der Entwässerung des nordöstlichen Unterharzes beteiligt. Bei Starkregen und Schneeschmelze hat dies oft zu Überschwemmungen in ihren Tälern geführt. Bei normalem Wetter sind sie eher gemächlich dahin fließende Bäche. Die Länge der Flussläufe beträgt 80 bzw. 40 Kilometer. Die Wipper nimmt die Eine vor dem Erreichen des Dorfes Schierstedt auf und mündet bei Bernburg in die Saale.

Den kürzesten Weg zur Schilfgrube hatten wir schnell herausgefunden. Der führt entlang des Mühlgrabens von der Buschmühle aus unter der Eisenbahnbrücke hindurch bis zur Eine, wo der Mühlgraben in die Eine mündet.

Allerdings gibt es da keine Brücke. Also wateten wir barfuß und mit hochgekrempelten Hosenbeinen durch die Eine an das andere Ufer. So schnell kamen wir an die Schilfgrube. Einen noch kürzeren Weg zur Schilfgrube sollte uns erst mal einer zeigen.

Der Pimpfeführer Rudi wollte uns bei einem Geländespiel zeigen, wie man noch schneller über die Eine kommt. In Schuhen und Strümpfen sogar. Bei der missglückten Landung am anderen Ufer brach er sich ein Bein. Unser anfängliches Gelächter wandelte sich sehr bald in Mitgefühl. Auf jeden Fall war das leidige Geländespiel auf diese unvorhergesehene Weise beendet. Wir ortskundige Jungen hatten die Schilfgrube wieder für uns allein. Das Geländespiel wurde nicht wiederholt.

Was war an diesem Teich für uns eigentlich so anziehend?

Erstens bekamen ihn nur wenige Menschen überhaupt zu sehen. Zweitens wurden wir nicht auf Schritt und Tritt von Erwachsenen beobachtet. Und drittens konnten wir die Tier- und Pflanzenwelt ohne belehrende Erklärungen beobachten. Wie staunten wir doch über die Vielzahl der Wasservögel, die sich hier ein Stelldichein gaben. Wo bekam man schon mal fliegende Enten zu sehen! Wir schlichen auf leisen Sohlen am Rand des Teiches entlang. Ins Wasser hinein trauten wir uns nicht. Schilf stand hier in so großer

Menge, dass wir nicht mal von einem Ufer bis zum anderen Ufer sehen konnten.

Wir stellten erschrocken fest, dass man begonnen hatte, den Teich auf der flussabwärts gelegenen Seite mit Schutt und Asche zu füllen. Auf dieser Seite stand kein Schilf mehr, weil es schon zugeschüttet worden war. Wie konnte der Dreck überhaupt hierher gelangen? Das Übel war schnell erkannt. Eine flussabwärts gelegene, kaum benutzte Brücke über die Eine hatte die Übeltäter zu ihrem ungehörigen Handeln eingeladen. Wäre der Übergang rechtzeitig gesperrt worden, so wäre dieser Frevel gar nicht möglich gewesen. Ein harmloses Verbotsschild vor der Brücke konnte da keine Abhilfe schaffen.

Die Schilfgrube war also für uns Jungen unantastbar. Aber die angrenzenden Wiesen zwischen den Flüssen waren doch ein Angebot. Mal sehen! Es ergab sich einfach so, dass wir einen schmalen Streifen der Wiese kurze Zeit für einen besonderen Zweck in Anspruch genommen haben. Da hat sich eine unglaubhafte Geschichte zugetragen.

Wir hatten oben am Ufer der Wipper immer noch die Schwelle liegen, die wir dort gefunden hatten. Sie ging uns nicht aus dem Sinn. Die wäre jetzt im Krieg, wo alles Brennbare rationiert war, ein willkommenes Brennholz. Aber wie sollten wir das schwere Ding nach Hause bringen?

Wir wollten uns auf jeden Fall auch mal ein Lob verdienen. An den Transport mit einem Fahrzeug war überhaupt nicht zu denken. Wir wählten den Wasserweg für den Transport unserer Fundsache.

Die Schwelle in die Wipper zu rollen, war nicht schwer. Als wir sie im Wasser hatten, mussten wir uns beeilen, um sie kurz vor der Schilfgrube abzufangen und an Land zu ziehen. Das war Schwerarbeit, denn die Schwelle war schwerer als gedacht und das Wasser der Wipper ging uns bis an den Bauch. Immerhin, wir schafften es. Oben am Flussufer ließen wir sie liegen. Wir waren nicht sicher, wie es nun weitergehen sollte. Wir mussten doch mit ihr die Wiese überqueren, um zur Eine zu gelangen.

Am nächsten Tag waren wir uns einig, dass wir das Ding irgendwie bis zur Eine bringen mussten. Aber wie? Da wir kein geeignetes Transportmittel für den weichen Boden hatten, haben wir unser Heiligtum über die Wiese gewälzt, bis an das Ufer der Eine. Da war der Nachmittag hin. Als wir uns umsahen, bekamen wir ein schlechtes Gewissen. Wir hatten in die Wiese eine Spur gewalzt. Hoffentlich fiel das nicht auf! Wenn jemand zu uns an dieser Stelle gesagt hätte, ihr habt einen großen Vogel, da hätten wir nicht widersprochen. Das wussten wir selbst. Aber wir haben auch diese Etappe erfolgreich geschafft.

Als wir am nächsten Tag wieder erschienen, stellten wir erleichtert fest, dass die Wiese keinen Schaden genommen hatte. Alle Grashalme standen wieder aufrecht.

Den dritten Tag unserer Aktion haben wir der Flößerei auf Eine und Mühlgraben gewidmet. Dann hatten wir die Brücke an der Buschmühle mit unserer kostbaren Fracht erreicht. Nun war es nicht mehr weit bis nach Hause.

Auf dem Untergestell eines ausgedienten Kinderwagens haben wir unsere Beute nach Hause geschleppt.

Ob unsere Bemühung eine gute oder eine böse Tat war, mögen Scharfrichter oder Ihresgleichen beurteilen. Glaubhaft wäre diese Geschichte sowieso erst, wenn in den verschiedenen Phasen des Handlungsablaufs die Feuerwehr, die Polizei, ein Arzt und vielleicht ein Schuldirektor hierbei eine Rolle gespielt hätten, natürlich mit erhobenem Zeigefinger. Doch keiner von ihnen hat sich bei unserer Arbeit sehen lassen. Das war unser Glück. So ist die Geschichte unter uns geblieben.

Die Schilfgrube und ihr Umfeld wurden übrigens mehrere Jahre später unter Naturschutz gestellt, nachdem die Wiese für einige Zeit von der Besatzungsmacht als Kuhweide genutzt worden war.

SCHÜLER UND SPAß IN DER SCHULE

Wir waren keine Stubenhocker, sondern so oft wie möglich an der frischen Luft und lauffreudig unterwegs. Da stellt man sich die Frage, ob diese Naturburschen überhaupt Zeit für den Besuch der Schule gehabt haben. Um es vorweg zu sagen: Die Schule geschwänzt hat wohl keiner von uns. Aber fleißig mitgemacht haben alle nicht nur im Unterricht.

Es fing für einige von uns mit der fünften Klasse des Gymnasiums an und ging bis zur zwölften Klasse. Die meisten waren sich bewusst, dass man ständig fürs Leben lernt, nicht nur in der Schule. Natürlich sollte die Schule Spaß machen.

Die Späße, die wir Schüler uns damals leisteten, waren Späße unserer Zeit. Auch mussten wir uns an zeitbedingte Erscheinungen anpassen: Der ständige Lehrermangel und der mehrmalige Wechsel des Schulgebäudes waren nur einige solche Erscheinungen. Wir lebten in den Zwängen einer Zeit, die wir nicht anders kannten. Aber wir waren respektvoll und feinfühlig gegenüber unseren Lehrern.

> *In den Kriegs- und Nachkriegsjahren bestand ein chronischer Lehrermangel. Gründe dafür waren die Einberufung von Lehrern zum Militärdienst und Überalterung der im Dienst stehenden Lehrkräfte; hinzu kam 1945 die Entlassung von Lehrern aus dem Schuldienst, die dem Nazi-System nahegestanden hatten. Das wurde notdürftig ausgeglichen durch die*

Reaktivierung von Lehrern, die bei Kriegsbeginn bereits im Ruhestand gewesen waren.

Nach dem Krieg wurde der Lehrermangel so groß, dass man sich gezwungen sah, die noch vorhandenen Lehrkräfte durch sogenannte Neulehrer zu ergänzen. Das waren fachlich geeignete Personen, die allerdings keine pädagogische Ausbildung besaßen; es waren aber auch Personen darunter, die eingestellt wurden, obwohl sie sich noch in der Ausbildung als Lehrer befanden oder die nur einen Unterschlupf gesucht hatten.

Am Anfang unserer Gymnasialzeit stellten wir mit Staunen fest, dass alle Lehrer Spitznamen hatten. Die wurden nur unter Schülern benutzt und waren schon vor unserer Zeit erfunden worden: Kater, Koni, Piepel, Bubi, Kraftbein und Bulle waren nur einige von ihnen. Dem Lehrerkollegium stand erst der Alte und später der Bolz vor.

Aus der Vielzahl der von uns als Jungenklasse in acht Jahren verübten Schülerstreiche sollen hier nur einige stellvertretend stehen.

Der Hase und die Igel. Na ja, genau wie im Märchen verlief die Geschichte nicht, denn es waren viele Igel im Spiel.

Jede Turnstunde beim Lehrer Ulli begann mit einem Dauerlauf um das Schulgebäude über mindestens sechs Runden. Ulli trabte mit gutem Beispiel voran, immer an der Spitze der Meute. Dadurch war er wohl jedes Mal der Einzige, der alle sechs Runden lief. Am Eingang zu den Toiletten hinter dem Schulgebäude wurden nämlich unmerklich nach jeder Runde – wenn Ulli mit der Spitzengruppe schon hinter der Hausecke verschwunden war – etliche Läufer des Hauptfeldes von ausgeruhten Ersatzleuten abgelöst, die in der vorhergehenden Runde pausiert hatten. Am Ende war keiner so erschöpft wie Ulli.

Die Stunde der Räuchermännchen. Eines Tages kam die Stunde, wo wir uns veranlasst sahen, gegen die ewigen Muster und Schriftproben des Deutschlehrers Kalli mit Feuer und Schwefel vorzugehen. Dazu war die Mitwirkung der ganzen mittleren Bankreihe erforderlich.

Mit Schwefel getränkte Wellpappe wurde unter der Bank in der hinteren Reihe angezündet und musste von dort nach vorn durchgetreten werden. In der Klasse wurde es immer unruhiger. Die mit dieser Aktion beschäftigten Schüler mussten ihre Aufmerksamkeit statt auf Kallis Unterricht auf das Löschen ihrer brennenden Schuhsohlen und des Fußbodens richten. In der vorderen Bank wurde die Pappe oder das, was davon noch übrig war, schließlich vor den Lehrertisch gestoßen. Zunehmend beißender Geruch und allgemeines Husten in der Klasse erzwangen immerhin für einige Zeit die Unterbrechung des Unterrichts.

Schneeballspiel. Mit dem Lehrer Piepel sind wir wohl sehr ungezogen umgegangen. Dass wir ihn einmal mit auf die Köpfe gestülpten Papiertüten zum Unterricht empfangen haben, war noch harmlos. Mehr Fantasie weckte bei uns ein aus unerfindlichen Gründen an der Deckenlampe des Klassenzimmers hängender Draht. Wir bogen ihn so zurecht, dass ein Schneeball daran hängen konnte. Erst nach mühsamem und umständlichem Gerüstbau konnte der größte Schüler, der zunächst ermittelt werden musste, diesen Schneeball auf Piepels Geheiß wieder entfernen. Nach verrichtetem Werk durfte er sich mit Piepels Bemerkung wieder setzen, dass es im Wiederholungsfall Schläge setzen würde und der Nächste sie für alle bekäme. Das konnte allerdings einen anderen, in der Kralle des Kartenständers eingeklemmten Schneeball nicht davon abhalten, ein paar Minuten später herabzufallen und mit lautem Klatschen auf dem Fußboden zu zerspringen.

Der Klassenschrank. Ein Dauerbrenner war eine Zeitlang unser Klassenschrank. Er war in eine Wandnische eingebaut. Nachdem wir seine Decke abgehoben hatten, war er als Mehrzweckraum geeignet. Ein paar passionierte Skatspieler frönten hier mitunter schweigend ihrer Leidenschaft, ohne gleichzeitig auf den Russischunterricht der Lehrerin Tatjana verzichten zu müssen. Mal verkroch sich die ganze elf Mann zählende Klasse zu Beginn der Russischstunde im Schrank.

Tatjana bemerkte uns dort nicht und holte den Direktor herbei, um uns zu suchen. Der aber fand uns mit unschuldigen Mienen in den Bänken sitzend vor.

Im Winter war der Schrank in der Großen Pause auch Zufluchtsstätte vor aufsichtführenden Lehrern, die uns viel lieber auf dem Schulhof sahen. Mit unseren schlanken Nachkriegsfiguren passten wir elf aus der a-Klasse da knapp rein, wenn keiner tief einatmete. Der Lehrer Atzer jedoch kam unserem Versteck auf die Spur, als dieses eines Tages in der Pause durch Besucher aus der b-Klasse etwas überbelegt wurde. Ein Schüler bekam einen Fuß nicht hinein. Atzer sah dies und rief staunend aus: "Da ist ja ein Stiefel. Ach, da ist ja ein Schüler. Ach, da sind aber viele!" Fortan musste jeder aufsichtführende Lehrer in der Großen Pause unseren Klassenschrank kontrollieren.

AUF DIE SEILBAHN IST KEIN VERLASS

Mit zwölf oder dreizehn Jahren packte uns die Unternehmungslust. Dort drüben, kurz vor dem Horizont zog eine Drahtseilbahn dahin. Die wäre es doch wert, aus der Nähe betrachtet zu werden. Vielleicht könnte man da auch mal mitfahren.

An einem Seil aufgereiht zogen hängende Kübel in mehreren Metern Höhe wie im Gänsemarsch vorüber. Die in östlicher Richtung fuhren, waren offenbar leer. Die an einem zweiten Seil hängenden kamen zurück und fuhren in Richtung Stadt. Sie waren mit Salz beladen. Das roch man. Es war Kalisalz. Die Seilbahn hatte in jeder Fahrtrichtung ein Tragseil und ein Zugseil. Diese wurden in einigen Dutzend Metern Abstand voneinander durch hölzerne Joche gestützt.

Woher sie kamen und wohin sie fuhren, konnten wir von unserem Standpunkt am Ochsenberg nicht gleich erkennen. Jedenfalls hat hier vor Jahren noch der Kalischacht III gestanden. Der war aber nach dreijähriger Arbeit wegen Wassereinbruch aufgegeben worden. Später erfuhren wir, dass die Loren der Seilbahn ihre Ladung vom Schacht V des Kaliwerks aus Groß-Schierstedt abholten und zum Kaliwerk in der Fallersleber Flur brachten.

Zudem blieb der Zug in unregelmäßigen zeitlichen Abständen wie auf Kommando stehen. Das musste doch einen Grund haben.

Wir wären zu gern mit einem solchen Kübel ein Stück mitgefahren. Aber wir sahen etliche Schwierigkeiten, insbesondere beim Ein- und Aussteigen. "Wenn nun der Kübel an einer Stelle anhält, wo man nicht aussteigen kann...?" Nach eingehender Diskussion über Spaß und Risiko beschlossen wir, von unserem Vorhaben zunächst einmal Abstand zu nehmen.

Unterhalb der Seilbahn, mehr zur Stadt hin, wurde übrigens bis zum Krieg auf einer großen Baustelle eine Artilleriekaserne gebaut. Aus ihr ist nach wechselvoller Geschichte eine Polizeischule geworden.

Wir kehrten ernüchtert in unsere heimischen Reviere an Eine und Wipper zurück, denn in der hügeligen, trockenen Gegend da oben gab es für uns außer der Seilbahn nichts von Interesse zu sehen.

Doch da war einer unter uns, den ließ die Sache mit der Seilbahn und dem dazugehörigen Kaliwerk nicht in Ruhe. Leider fand er bei seinen Freunden kein Verständnis für seinen Erkundungsdrang.

Also musste der Junge dieser Sache eben allein auf den Grund gehen. Da erwachte sein *Alter Ego.* In ihm fand er fortan einen vorsichtigen Ratgeber. Diese Aufgabe ist ihm bis heute erhalten geblieben.

Das ist eben das Schicksal des Alleingängers. Den Ruf, ein eigensinniger Mensch zu sein, wirst du nicht wieder los.

Doch jetzt zum Kaliwerk.

Wer genau hinsieht, der bemerkt, dass die Abraumhalde am Kaliwerk ein phänomenales Wetterbarometer ist. Während des Krieges gab es keine Wettervorhersage im Rundfunk. Da gingen wir selten aus dem Haus, ohne vorher nach der Kaliwerkshalde gesehen zu haben. Fliegeralarm war zu befürchten, wenn die Halde hell und wie mit Salz bestreut aussah. Wenn sie aber missgelaunt finster drein zu blicken schien, war für die nächsten Stunden kein Fliegeralarm zu erwarten. Das sagte uns die Erfahrung. Diese Vorhersage wurde freilich überflüssig, als die Luftlagemeldungen eingeführt wurden.

Meine zunehmenden Alleingänge verhalfen mir zu manchen Erkenntnissen, die ich in der Gesellschaft meiner Gefährten kaum gewonnen hätte. So war es auch mit der Seilbahn. Als ich den *Fallersleber Weg* hinauf ging, kam ich zu der Stelle, wo die Seilbahn im Werksgelände verschwand. Etwas später kamen die entladenen Loren auf der Gegenspur wieder heraus.

Wenn man weiter ging, sollte man eigentlich nach Fallersleben gelangen. Doch weit gefehlt. Nach Fallersleben sucht man vergeblich. Man befindet sich hier auf der Wüstung Fallersleben, einer Bodenfläche, auf der einst ein Dorf dieses Namens gestanden hat. Heute ist davon nichts mehr zu sehen. Geblieben ist nur der *Fallersleber Weg*.

Dort fiel mir ein Bahngleis auf. Das kam vom Kaliwerk und endete jenseits der *Güstener Chaussee* am Schacht IV des Kaliwerks. Eine Bahnschranke hat es dort nicht gegeben. Ein Pfiff aus der Werkslokomotive und eine Signalfahne reichten offensichtlich aus, um den Straßenverkehr aufzuhalten, wenn die Werkslok sich näherte. Auch auf Schacht IV wurde Kalisalz gefördert. Der Förderturm stand gleich neben der Chaussee.

Das Kaliwerk hat für mich und meine Freunde bereits vor dem Kriegsende eine jugendfreundliche Bedeutung erhalten. Man hatte nämlich vor dem Stammwerk aus einem Löschwasserteich ein Freibad gemacht. Das war kein öffentliches Freibad, sondern für die Belegschaft vorgesehen. Es kostete keinen Eintritt und hatte freilich auch keinen Bademeister. Diese Badestelle hat uns junge Leute jahrelang erfreut, bis sie einige Jahre nach dem Krieg geschlossen wurde.

Der Kalibergbau ist vor hundert Jahren der führende Wirtschaftszweig in unserer Umgebung gewesen. Im Kalibergbau waren zeitweise mehr als tausend Arbeitskräfte beschäftigt. Im Umfeld der Stadt war ein halbes Dutzend Schächte niedergebracht, die meisten von ihnen östlich der Stadt. Sie haben in unterschiedlichem Maße den wirtschaftlichen Erfolg der Kaliwerke bewirkt. Am meisten am Erfolg beteiligt waren Schacht IV an der Güstener Chaussee und Schacht V bei Groß-Schierstedt. Das Stammwerk lag am Rande der Stadt auf der Fallersleber Flur. Ein hoher Schornstein und die riesige Lagerhalle für 25 000 t Rohsalz prägten lange Zeit die Silhouette der Stadt.

Vom Stammwerk aus gingen die verschiedenen Fertigprodukte in die Welt. Für den Transport seiner Erzeugnisse besaß das Werk einen Gleisanschluss zum Güterbahnhof der Deutschen Reichsbahn.

Wir haben es zum Glück nicht mehr dazu gebracht, mit der Seilbahn einen Ausflug zu machen. Gewiss hat uns die Vernunft von diesem Vorhaben abgebracht. Die Kalisalzförderung wurde übrigens bereits vor Jahrzehnten eingestellt.

TONKUHLEN HABEN EINEN BESONDEREN REIZ

Wenn das Wort *Tonkuhle* fiel, glänzten die Augen der Kleinen. Das war zu der Zeit, als ich gerade in der Schule angekommen war.

Was hat es mit den Tonkuhlen auf sich? Sie liegen am nördlichen Stadtrand. Das ist unweit der Straße, in der ich geboren bin und wo ich meine ersten Lebensjahre verbracht habe. Im Alter von sieben Jahren hatte ich in den Tonkuhlen manches Mal zu tun.

Ich bin überzeugt, dass diese Tonlagerstätten das Werden und die Entwicklung der Stadt in der Neuzeit erst möglich gemacht haben. Sie lieferten schließlich den Rohstoff für die Herstellung von Tonziegeln. Doch im Alter eines Schulanfängers hatten die Tonkuhlen einen anderen Stellenwert. Hier gab es nämlich eine Menge Wasser.

Einen Kindergarten habe ich nicht kennengelernt. Den konnten sich meine Eltern gar nicht leisten. Für mein kindliches Gemüt wäre ein Kindergarten damals auch nur Freiheitsberaubung gewesen. Schon der Gedanke an einen Kindergarten war mir fremd. Es war für mich selbstverständlich, in der Obhut meiner Mutter zu sein. Doch ich lief an einer langen Leine. Heute denkt man über diese Frage ganz anders.

Wer von der Tonkuhle spricht, der meint wahrscheinlich die <u>neue Tonkuhle</u>. Sie liegt an der *Hecklinger Straße*. Das ist dort, wo ein Feldweg zum Schützenhaus Askania abzweigt. Die Tonkuhle war in meiner Erinnerung schon immer ein öffentliches Freibad.

In der Mitte der dreißiger Jahre war der Badebetrieb für einige Zeit unterbrochen, als ein Wolkenbruch die Grube überschwemmte und voll Wasser laufen ließ.

Das Wasser stand in der neuen Tonkuhle so hoch, dass es abgepumpt werden musste. Das geschah über ein Wasserrohr. Das war verrostet und nicht mehr ganz dicht. Was da raus lief, wurde über den Straßengraben abgeleitet, neben dem das Rohr verlegt worden war. Wir Steppkes hatten die Gelegenheit schnell erkannt, in dem langsam abfließenden, na ja, nicht ganz sauberen Wasser zu planschen, solange wir nicht davon verjagt wurden.

Die *<u>alte Tonkuhle</u>* hingegen war gegenüber der neuen Tonkuhle für ortskundige Kinder ein viel interessanterer

Spielplatz. Sie war schuld daran, dass ich mit acht Jahren Freischwimmer werden musste. Das hat mir mehrmals im Leben geholfen.

Die Eltern besaßen einen Schrebergarten. Der lag zwischen der neuen und der alten Tonkuhle. Wer es schon als Kind mit der Freiheit ernst nimmt, dem fällt es nicht schwer, einen Ausgang aus der Umzäunung des Gartenparadieses zu finden. Der Weg zur alten Tonkuhle war dann nicht weit. Schließlich geht es in diesem Alter auch um die Erkundung der ganzen Welt.

Die Ziegelei am *Seegraben*, der die Tonkuhle gehörte, hatte ihr Heiligtum in den dreißiger Jahren aufgegeben. Seitdem lief die Grube nach und nach voll Wasser. Die dort noch herumliegenden Tonklumpen waren zum Teil recht glitschig. Deshalb waren sie zum Schlittern gut geeignet. Wie leicht hätte man da – plumps – im Wasser landen können. Und wie tief es an dieser Stelle war, das wusste vorher keiner. Wenn man Glück hatte, kam man mit dem Schrecken davon. Und damit rechneten wir unbedingt. Ich bin, wie man sieht, unbeschadet davongekommen.

Die Freischwimmerprüfung war die erste schulische Prüfung meines Lebens. Ich ahnte noch nicht, dass mich fünfzig Jahre lang weitere Prüfungen verschiedener Art verfolgen sollten.

Doch vorerst war ich mit der Erkundung der Rätsel dieser Welt beschäftigt. Hundert Meter hinter der alten Tonkuhle kam man zum Schinderschuppen, der Abdeckerei. Diesen Weg ging man nur einmal oder man kehrte gar auf halbem Wege wieder um. Ein bestialischer Gestank verbreitete sich von dieser Bretterbude aus in alle Himmelsrichtungen. Da überkam jeden Menschen mehr als das Grausen.

*

In der nördlichen Feldflur der Stadt stand einst die Staßfurter Warte. Bis hierher reichte mein Aktionsradius als Dreizehnjähriger.

Von der Warte stand nur noch ein kümmerlicher Rest, eher ein Haufen liegen gebliebene Bruchsteine.

In dieser Gegend ist es gewesen, wo das amerikanische Bombenflugzeug heruntergekommen ist, das die deutsche Flugabwehr abgeschossen hatte. Das war mitten im Krieg. Ich wollte die Absturzstelle unbedingt sehen, möglichst noch am selben Tag. Als ich dort ankam, sah ich die brennenden Trümmer der Maschine. Nicht jeder hatte im Krieg Gelegenheit, ein abgeschossenes feindliches Flugzeug zu sehen. Doch bei mir gewann bei diesem Anblick der Gedanke die Oberhand, warum die zwei Männer sterben mussten, deren Körper am Rumpf des Flugzeugs hingen und verbrannten. Ich war entsetzt. Im Krieg stirbt man. Doch das war nicht mein Krieg.

Zwei weitere Besatzungsmitglieder hatte ich zuvor aus der Ferne mit Fallschirmen herunter schweben gesehen. Hoffentlich haben die wenigstens überlebt.

ENTTÄUSCHTE ERWARTUNGEN

Meine Wissbegierde war auch mit vierzehn Jahren ungebrochen. Ich hatte viele offene Fragen, darunter auch solche, die meine Heimat betrafen. Meine Wanderungen würden mir neue Erkenntnisse bringen.

Am westlichen Stadtrand hatten sich Wohnstätten der frühesten Bewohner dieser Gegend befunden. Sie haben in der Nähe des großen Sees gesiedelt, den es hier schon seit undenklichen Zeiten gab. Doch der war jetzt wegen Bodenabsenkungen an vielen Stellen nicht zugänglich. Da gab es nichts zu erkunden. Die Leute von hier haben das Gewässer übrigens "die See" genannt. Das ist ein tröstender Ersatzname, wo das große Meer doch so weit entfernt ist.

Die Stadt war allmählich zu einer gewissen industriellen Bedeutung gelangt. Doch wie vieler Schritte bedurfte es noch, um zu einer modernen Industriestadt zu werden! Und gingen diese Schritte auch in die richtige Richtung? Ein sicheres Standbein war in der Vergangenheit immer die Landwirtschaft gewesen.

Tatsächlich stolperte ich eines Tages am Rand der Chaussee nach Magdeburg über ein Bahngleis. Ich brauchte dem Rätsel nicht lange nachzuspüren. Das Gleis sah aus wie das Gleis einer Feldbahn. Wer brauchte hier eine Feldbahn? Vielleicht sollte hier eine Straßenbahn gebaut werden? Dem Fragesteller konnte geholfen *werden.*

Die Zuckerindustrie war unersättlich. Das Gleis neben der Straße war Bestandteil einer von Pferden gezogenen Bahn. Sie versorgte die Zuckerfabrik mit Zuckerrüben aus der Winninger Flur.

> *Schon seit Jahren gab es im Spätherbst eine Zuckerrüben-Kampagne. Da wurden die Rüben geerntet, zur Fabrik gebracht und verarbeitet. Das musste möglichst schnell gehen. Dafür wurde eine Gleisstrecke von Winningen zur Zuckerfabrik eingerichtet, die entlang der Chaussee verlief.*
>
> *Fahrgestelle mit aufgesetzten Holzkästen wurden zu Gruppen zusammengekoppelt. Pferde wurden angespannt. Sie liefen auf der Fahrstraße und zogen ihre Last auf dem Gleis neben sich her. Der Straßenverkehr wurde kaum behindert. Man war auf die Kampagne eingestellt und nahm im Straßenverkehr auf die Rübenbahn Rücksicht.*

Zulieferer von Zuckerrüben aus anderen Richtungen kamen selbstverständlich mit ihren Pferdefuhrwerken oder mit der Eisenbahn zur Zuckerfabrik.

Auch die Kleinbahn gehörte zum Bild der Stadt. Wir besaßen in der Stadt auch eine Bimmelbahn. Das war die Nienefee. Sie hat als Kleinbahn ein recht langes Leben gehabt. Die mit Dampf betriebene Bahn fuhr von der Bahnschranke an der *Hecklinger Straße* in westlicher Richtung und über Wilsleben und Schneidlingen bis nach Nienhagen. Die Nienefee war ein Unikum. Da sie auf Normalspur fuhr, konnte sie auch Waggons der Deutschen Reichsbahn mitführen.

Wenn wir Schüler zur Feldarbeit nach Königsaue geschickt wurden, konnten wir kostenlos mit der Kleinbahn fahren. Da sie innerhalb der Stadt enge Kurven zu bewältigen hatte, fuhr sie stellenweise nur im Schritttempo. Sie stand in dem Ruf, streckenweise so langsam zu sein, dass man als Fahrgast während der Fahrt Blumen hätte pflücken können.

Natürlich haben wir Erntehelfer der Versuchung nicht widerstehen können auszuprobieren, ob das wirklich möglich ist. Tatsächlich! Vorschriftsmäßig haben wir beim Aus- und Einsteigen natürlich mit einer Hand am Haltegriff angefasst. Zum Blumenpflücken hat die Zeit leider nicht gereicht. Na ja, es hat uns ja beim Aus- und Einsteigen während der Fahrt niemand beobachtet.

Große Industrien im Aufwind. Der westliche Stadtrand hat dieses Zeitalter mehrmals erlebt. Die Stadtgeschichte weiß darüber ausführlich zu berichten. Hier am Stadtrand ist mehrmals der Grundstein für eine moderne Großindustrie gelegt worden. Viele meiner Zeitgenossen haben das seinerzeit vergeblich begrüßt.

Die Stadt ist mehrmals von einer industriellen Zukunft in die nächste gestolpert: Braunkohle, AMA und Junkers waren die ersten Unheilbringer.

Es begann mit der Braunkohle. Beim Spielen mit einem Schippchen vor dem Giebel des neuen Kaffeegartens hatte ich als kleiner Junge eine braune Masse gefunden, die wie Kohle aussah. Ich behielt das Geheimnis für mich. Vielleicht war es nur weggeworfener Dreck, vielleicht aber auch der Ort einer neuen Kohlengrube. Tatsächlich war die Zeit des Kohlebergbaus in unserer Gegend längst vorbei.

> *Die Grube "Georg" war die Perle des hiesigen Braunkohlebergbaus an der Straße nach Wilsleben gewesen. Sie arbeitete im Untertagebetrieb und versorgte ab 1828 die Stadt und ihre Zuckerfabriken mit Kohle. Um die folgende Jahrhundertwende war die Glanzzeit des Untertageabbaus vorbei. Geblieben sind Bruchfelder in der Landschaft.*

Ich bin am Anfang der vierziger Jahre gerade noch rechtzeitig gekommen, um bei der Niederlegung eines der letzten Schornsteine auf dem Fabrikgelände der Grube als

Zuschauer dabei zu sein. Es ist mir nicht mehr erinnerlich, ob die "Sonne"-Briketts und der Grudekoks schon in der Zeit von "Georg" oder erst später auf den Markt gekommen sind.

Zum Kohlebergbau westlich der Stadt gesellte sich der Kalibergbau mit den Schächten VI und VII hinzu. Freilich hatte der Kalibergbau seinen Schwerpunkt östlich der Stadt. Doch die Kalischächte am westlichen Stadtrand passten genau in das Verhaltensschema der Kaliindustriellen hinein. Die Seilbahnverbindung zum Hauptwerk machte deutlich, wie wichtig die beiden Schächte im Konzept der Kaliwerke waren. Sie erfüllten aus geschäftlichen Erwägungen nur die Aufgabe, da zu sein, ohne einen nennenswerten Beitrag zur Kaliförderung zu leisten.

Die Zeit des Bergbaus war bemessen. Der Bergbau war nicht die industrielle Zukunft für die Stadt. Doch mit ihm entwickelten sich mehrere metallverarbeitende Betriebe. Unter ihnen ragte schließlich die Maschinenbau AG AMA hervor.

> *Die AMA wurde unter einem unglücklichen Stern geboren. Mit Dampfmaschinen, Pumpen und ähnlichen Produkten hatte sie begonnen, um dann von der Rüstung im Ersten Weltkrieg voll in Anspruch genommen zu werden. 1926 war sie nach nicht einmal dreißig Jahren am Ende.*

Das Gelände rund um die AMA wurde wenige Jahre später wieder gebraucht. Kaum zehn Jahre nach dem Ende der AMA entstand hier ein Zweigwerk der JUNKERS Flugzeug- und Motorenwerke. Dieser Betrieb produzierte in großem Umfang Flugzeuge für den Kriegseinsatz. Nach zehn Jahren war der Spuk beendet. Das Werk wurde als Rüstungsbetrieb demontiert.

An die Junkers-Werke habe ich nur blasse Erinnerungen. Was dort produziert wurde, war für Außenstehende tabu. Ich habe aber zufällig beobachtet, wie nach einem Luftangriff der Rumpf einer Ju 88 auf der *Weststraße* zur Verladung stadteinwärts transportiert wurde, weil der Bahnanschluss des Werkes durch Fliegerbomben demoliert war. Da hat man notgedrungen auf die Geheimhaltung verzichtet.

Jetzt, ein paar Jahre nach dem Krieg, wird darüber gesprochen, dass man die in der Stadt gelegene Werkzeugmaschinenfabrik (WEMA) erweitern und an den Stadtrand verlegen wolle. Das wäre der fünfte Versuch, dem westlichen Stadtrand ein dauerhaftes industrielles Profil zu geben. Wie dieses Vorhaben weiter verlaufen ist, haben die späteren Jahre gezeigt.

Mit der Errichtung von Industriebetrieben entstanden auch etliche Wohngebiete. Ich weiß nicht, wo die Kinder dieser Wohngegenden seinerzeit ihrer Abenteuerlust nachgegangen sein können. Bestimmt nicht zwischen den Fabrikanlagen. Gewiss haben sie ihre Spielplätze gehabt. Ich kann mir nicht vorstellen, dass sie so naturnah gewesen sind wie die Spielplätze meiner Kindheit.

Jedenfalls konnte ich als Kind dieser industriell zersiedelten Landschaft nichts Anziehendes abgewinnen. Mein Herz schlug immer noch für die freie Natur mit allen ihren beschaulichen Ecken und Winkeln.

Losgezogen aus dem Krähengeschrei war ich zuerst mit dem Vorsatz, Neues zu sehen, zu erfahren und zu erleben. Dazu gehörte das Stadtinnere genauso wie die Fluren um die Stadt.

Ich bin auf meiner Wanderung schließlich zu noch einer Stätte der Erinnerung an meine frühe Kindheit gelangt.

DIE PFERDE-EINE ALS FENSTER ZUM MITTELALTER

In Gedanken versetze ich mich zurück in meine frühen Kinderjahre. Es war noch vor dem Zweiten Weltkrieg. Als Erstklässler nannte man uns die Achtkeckel, denn wir

wurden ja in die achte Klasse der Volksschule eingeschult. Dieser Titel haftete uns für das ganze erste Schuljahr an. Immerhin durften wir nun schon ohne Begleitung zur Schule und in die Stadt gehen. Das hieß für mich, die Stadt in allen ihren Winkeln zu erkunden. Dazu gehörten auch die mittelalterliche Bogenbrücke über die Eine und die noch ältere *Pferde-Eine*. Sie befanden sich dort, wo man die Eine überquert, wenn man auf den Burgberg will.

Von zuhause aus war der Weg zur Pferde-Eine für meine kleinen Beine und die meiner Spielkameraden fast eine Stunde Fußweg. Da mussten wir unsere Kräfte gut einteilen.

Die Pferde-Eine ist für die Kinder immer ein Anziehungspunkt gewesen. Die Erwachsenen meinten, dass es für die Kinder zu gefährlich sei. Wir Kinder sahen da keine Gefahr. Doch weil die Erwachsenen immer Recht haben, wurde der Zugang zur Pferde-Eine später abgesperrt.

Pferde haben der Eine an dieser Stelle ihren Namen gegeben. Hier wurden noch zu meiner Zeit die Pferde von Bauern und Fuhrleuten aus der näheren Umgebung nach getaner Arbeit zur Tränke geführt. Oft wurden sie dort auch abgewaschen, wenn sie eingestaubt waren und geschwitzt hatten.

Der kleine Fluss hat hier seine größte Breite innerhalb der Stadt und war deshalb immer leicht zu durchqueren. Diese Stelle hat sich deshalb schon vor Jahrhunderten als Furt angeboten. Wer aus Halberstadt oder Magdeburg kam und nach Hettstedt und Eisleben weiter wollte, musste die Eine durchqueren. Der Boden des Flusses war an der Furt gepflastert. Nach der Durchquerung ging es dann weiter den *Hohlweg* hinauf in Richtung Arnstedter Warte. So lässt sich auch erklären, warum die Burg der Askanier unweit der Furt gestanden hat.

Später hielt man es wohl für geraten, gleich neben der Furt eine Brücke aus Bruchsteinen zu bauen. Sie hat über Jahrhunderte ihre Dienste geleistet und allen Hochwassern getrotzt, bis sie dem gestiegenen Verkehrsaufkommen der Neuzeit auf den Straßen zum Opfer fiel.

*Me*ine damaligen Spielgefährten, allesamt Erstklässler, kletterten und turnten auf der Brüstung der Brücke herum. Ich stand, in Gedanken versunken, auf der recht schmalen Fahrspur, die über die Brücke ging.

Hier waren sie also mit Karren und Fuhrwerken oder auch nur zu Fuß entlang gezogen. Auch Bewaffnete werden dabei gewesen sein. Unten plätscherte immer noch das Flüsschen. In der Furt nebenan hätte man sich nasse Füße geholt, wenn man den Brückenzoll hätte sparen wollen. Mir schien es, als wären das Kopfsteinpflaster und die Bruchsteine an beiden Seiten der Fahrbahn noch genauso intakt wie vor Jahrhunderten, als die Brücke gebaut worden war.

Die Brücke war so schmal, dass sich zwei Fuhrwerke nur knapp begegnen konnten. Eins sollte lieber warten. So viel Zeit hatte man damals noch. Ich schätzte die Breite der Durchfahrt mit ausgestreckten Armen, denn einen Zollstock hatte ich nicht bei mir.

Wenn man die Brücke überschritten hat, muss man sich entscheiden, ob man seinen Weg *Auf der Alten Burg* oder *Unter der Alten Burg* fortsetzen will. Wer sich nicht gleich entscheiden kann und zögernd nach der neuen Burg fragt, die es demnach wohl auch geben muss, der wird auf ungläubige Gesichter treffen. Eine neue Burg hat es hier nie gegeben. Hierfür kommt allenfalls die Burg der Askanier in Frage, die ein Stück flussabwärts stand. Die haben die Einwohner der Stadt damals abgebrochen, weil sie Steine für die Stadtbefestigung brauchten. Geblieben ist davon nur der *Burgplatz,* wo jetzt das Amtsgericht und das Lyzeum stehen.

Als Alte Burg bezeichnet man den noch vorhandenen Rest der Ruine einer mittelalterlichen Fliehburg. Die steht oben auf dem Berg. Da wohnten später die Greifvögel des Tierparks. Ernüchtert kehren wir ins Tal der Eine zurück.

Dass die alte Bogenbrücke dem Denkmalschutz entgangen zu sein scheint und ein Opfer der schnelllebigen Neuzeit wurde, wundert mich gar nicht. Heute haben wir keine Zeit mehr, um den Gegenverkehr abzuwarten. Denn es muss schnell gehen.

Ein Blick flussaufwärts weckt in mir wieder Erinnerungen an frühere Zeiten. Wir wenden uns diesem malerischen Winkel der Stadt zu und befinden uns jetzt auf der Straße *Unter der Alten Burg.*

DER GONDELTEICH IST UNS EINEN BESUCH WERT

Die Bezeichnung Gondelteich lässt aufhorchen, denn viele Teiche gibt es in dieser Gegend nicht. Auch stellt sich die Frage, ob es überhaupt möglich ist, auf einem Teich zu gondeln. Anscheinend doch, sonst hätte man ihn nicht geschaffen. Aber warum sollte man auf diesem Teich staken, wenn man auf ihm auch rudern kann? Auf dem Gondelteich wurde schon immer gerudert.

Mehrere Wege führen zum Gondelteich. Aber nur ein Weg kann mit einem Fahrzeug befahren werden. Das ist die Straße *Unter der Alten Burg.* Man soll sich nicht daran stören, dass von der alten Burg nur noch eine kümmerliche Ruine existiert.

Manche Wege und Winkel sind uns hier aus der Nazizeit noch in unschöner Erinnerung. Da wurde kommandiert, exerziert, marschiert und herumgestrolcht. Das hatte alles seinen Un-Sinn, von dem wir keine blasse Ahnung hatten. Doch die Erinnerung daran kann man nicht verjagen. Die vergeht irgendwann von allein.

Wo die von beiden Seiten kommenden Fußwege auf die Straße treffen, befindet sich ein Tennisplatz. Hier können

Wanderer auf einer Fußgängerbrücke die Flussseite wechseln, auf der sie weiter wandern wollen. Man gelangt nach kurzer Wanderung auf der Straße zu der Stelle, wo die Städter die Tauchtiefe ihres Flüsschens gemessen haben, die für die Schifffahrt so wichtig ist. Bei Hochwasser messen sie den Wasserstand freilich erst in der Stadt, an einer Hauswand am *Steintor*.

Auf dem Weg zum Gondelteich trifft man auch Leute, die sich mittlerweile entschlossen haben, nochmals die Flussseite zu wechseln. Dazu ist jetzt Gelegenheit. Doch nun ist es nicht mehr weit bis zum Tiergarten, zum Freibad und zum sagenhaften Gondelteich.

Der Teich ist das Ergebnis von Notstandsarbeiten in den zwanziger Jahren des vorigen Jahrhunderts, also eine Maßnahme zur Arbeitsbeschaffung in längst vergangenen Zeiten.

Der Gondelteich war seinerzeit zusammen mit dem Freibad eines der beliebtesten Ausflugsziele. In ruhiger Umgebung, gleich neben dem Eingang zum Freibad gelegen. Hier befindet sich auch die Anlegestelle für Ruderboote.

Wie wir schon wissen, sind hier niemals venezianische Gondeln gefahren, obwohl die geringe Tiefe des Teichs dies erlauben würde. Einfache Kähne aus Holz kreuzten hier stattdessen viele Jahre auf dem Gewässer. Man konnte für eine mäßige Gebühr so ein Wasserfahrzeug chartern und damit in See stechen. Am Ufer haben die Zuschauer auf einigen Bänken gesessen oder sie haben es sich im Rasen bequem gemacht und ihre mitgebrachten oder am Verkaufsstand des Freibads erworbenen Speisen und Getränke verzehrt. So beliebt war der Gondelteich. Das ist lange her.

Wir haben kurz nach dem Zweiten Weltkrieg einen Winter erlebt, da war der Gondelteich nach starkem Frost derart zugefroren, dass wir darauf in großer Zahl Schlittschuh laufen konnten.

Inzwischen sind wir aus den Kinderschuhen herausgewachsen, sogar aus den Elternschuhen.

Jahre später, in den achtziger Jahren nämlich, waren wir mit zwei Enkeln hier. Der Toddi stellte gleich fest, dass man hier im Freibad ruckzuck die Freischwimmerprüfung ablegen konnte. Und er tat es.

Für den nächsten Besuch am Gondelteich nahmen wir uns mehr Zeit. Wir genossen jetzt erst einmal so richtig die Idylle, die wir als weitgereiste Besucher hier vorfanden. Wir spürten ein vergessenes Stück Heimat. Idyllisch kam es uns zumindest damals vor, wenn wir uns nicht nach der schroffen Felswand umsahen, die sich an den Burgberg anlehnt. Unsere Enkel sahen erwartungsvoll auf jenen Teich, von dem sie sich viel versprachen.

Ursprünglich hatten Oma und Opa ihren neun- und zwölfjährigen Enkeln nur das Einetal zeigen wollen. Es war vor langen Zeiten genau wie die Wege oben auf dem Burgberg ein Treffpunkt der verliebten jungen Leute gewesen.

Wir waren die *Erdkerbe* herunter gekommen. Da lag vor uns nun der Gondelteich. Von hohen Weiden umgeben, die wir schon lange nicht mehr gesehen hatten, schien uns der Teich zu erwarten. Hinter ihm plätscherte, wie immer, die Eine. Oben am Berg grüßte der Hexenturm, der eigentlich Pulverturm heißt und eine alte Warte ist. Niemand weiß, ob der Teufel vom Gondelteich, von dem wir noch hören werden, jemals etwas mit der Hexe vom Hexenturm zu tun gehabt hat.

„Dürfen wir mal mit dem Kahn fahren?" „Natürlich dürft ihr das. Aber rudern müsst ihr selbst." „Au, ja."

Während Anne und Toddi abwechselnd ruderten, saßen die Großeltern am Ufer des Teichs und sahen dem Treiben ihrer Nachfahren zu. Kann es etwas Schöneres geben? Da wird man gern älter.

Es dauerte gar nicht lange, da sollten Omi und Opi unbedingt mit gondeln. „Das macht viel mehr Spaß." Der Opi wurde losgeschickt, um diese Aufgabe wahrzunehmen. Damit war der Spaß schon programmiert. Dem Opi fällt doch immer etwas ein, womit man überhaupt nicht gerechnet hat.

Toddi legte sich mächtig in die Riemen, und wir kamen zügig voran. Schließlich gelangten wir unter eine Weide, deren herabhängende Zweige das Wasser berührten. Wir waren in schneller Fahrt unter dem Baum angekommen. Doch jetzt ging es immer langsamer voran und schließlich kamen wir gar nicht mehr vom Fleck.

„Ich weiß nicht, was hier los ist“, klärte Toddi uns auf. „Kaum bin ich zwei Meter weit gerudert, da fährt der Kahn rückwärts.“ Nun meldete sich Anne zu Wort. „Lass mich mal rudern.“ „Ach, du hast doch vom Rudern sowieso keine Ahnung.“ Er erhöhte trotzig die Schlagzahl, doch das Boot kam immer wieder zurück.

Der Opi saß schmunzelnd hinten im Kahn. „Da hat der Teufel die Hand im Spiel. Von allein kann das Boot nicht rückwärtsfahren. Vielleicht hältst du nur die Ruder verkehrt rum.“ „Nein, das siehst du doch.“

Plötzlich fing Anne an laut zu lachen. „Der Opi ist schuld. Er hält sich am Baum fest.“ „Wieso? Der Baum steht doch am Ufer!“ Der Opa schmunzelte nicht mehr, denn er war nun ertappt. Er ließ den Weidenzweig los, den er hinter dem Rücken unauffällig mit einer Hand festgehalten hatte. So konnte die Fahrt auf dem Gondelteich endlich ohne Hindernis fortgesetzt werden.

*

Vierzig Jahre sind seither ins Land gegangen. Ich traue meinen Augen nicht, als ich bei einem neuerlichen Besuch am Gondelteich ein Schild mit dem Hinweis vorfinde, dass dieses Gewässer dem Anglerverein zur Verfügung steht.

Welch ein Wandel in der hundertjährigen Geschichte des Gondelteichs!

Nachgefragt

Wer nicht fragt, weiß es schon. Möchtest du wissen, was aus dem Bengel geworden ist, der damals loszog, um seine Heimat zu erkunden? Das ist eine lange Geschichte, so lang wie sein bisheriges Leben.

Ich will dir diese Geschichte in wenigen Sätzen schildern, viel mehr Zeit bleibt mir nicht mehr. Auch das Schreiben fällt mir nicht mehr leicht.

Da kommt mir in den Sinn, dass der Bengel kurz nach dem Krieg *Fjodor* begegnete, Ukrainer und Offizier der Roten Armee, die unsere Gegend besetzt hielt. Es bleibt ungewiss, wie Fjodor in seinem spärlichen Deutsch darauf kam zu erklären, dass sein Gesprächspartner einmal "Schreiber" werden würde.

Wenige Tage nach dem Abitur stieß ich wieder auf den Bengel. Verschmitzt lächelnd stand er vor mir. Ich fragte, ob denn schon bekannt sei, wie es jetzt weitergehen soll. Die Antwort meines Alter Ego war kurz: "Ich werde jetzt Zimmermann studieren. Und dann sehen wir weiter."

Sprach's, drehte sich um und verschwand im Nebel meiner Erinnerung. Er hat mehr daraus gemacht.

Der junge Mann hat nach der Lehre seine Heimat verlassen, um die Welt kennenzulernen und dort sein tägliches Brot zu verdienen. Er wurde im Laufe der Jahre zum Schreiber vieler Veröffentlichungen und einiger Bücher. Aber sein Brot hat er damit nicht verdient. Dafür musste er Sprachen lernen, Ökonomie studieren und promovieren.

Wie wir schon wissen, hat der Junge, kaum aus den Kinderschuhen herausgewachsen, seinerzeit eine Familie gegründet. Als das junge Paar beschloss, gemeinsam durchs Leben zu gehen, hat ihnen noch keiner gesagt, dass dies eine glückliche Ehe werden würde, die mehr als sechs Jahrzehnte währen sollte. Aus ihr sind Kinder, Enkel und Urenkel hervorgegangen.

Schließlich hat das Schicksal der Gemeinsamkeit ein Ende gesetzt. Da war er fünfundachtzig. Inge, ein Jahr jünger, war alle Jahre seine geliebte und treue Gefährtin gewesen.

Die Neugier auf den nächsten Tag, die ihn schon immer bewegte, ist ihm erhalten geblieben. Und Fragen stellt er auch heute noch.

Weißt du, wofür du lebst und was dein Leben erfüllt? Alles braucht im Leben seine Zeit, um zu dir selbst zu gelangen.

Doch die Frage nach dem Sinn und Inhalt des Lebens ist zu einfach gestellt.

Ich habe Personen im fortgeschrittenen Alter gefragt: Hast du dein Lebensziel erreicht? Die meisten verstanden darunter neben der eigenen Fortpflanzung den erreichten Wohlstand, die Zufriedenheit mit sich selbst und der Familie sowie die gefundene soziale Anerkennung.

Sie hätten mehr im Leben erreichen wollen, als sie erreicht haben. Doch widrige Umstände hätten ihnen einen Strich durch die Rechnung gemacht. Sie hätten mehr erreichen können.

Sie haben ihr Lebensziel an dem gemessen, was ihnen letzten Endes versagt geblieben ist.

Und mein *Alter Ego,* der Andere? Die Vorstellung vieler schien nicht so recht in sein Weltbild zu passen. Freilich ist auch er den Freuden dieser Welt zugetan. Doch schon der Weg dorthin ist nicht für jeden der gleiche Weg. Er wäre zum Beispiel nie darauf gekommen, als ein bescheidener Junge zu gelten, bloß weil er so ist, wie er nunmal ist. Doch sein Lehrer hatte es ihm auf einem Schulzeugnis nachgesagt. Zugegeben, ein erstrebenswertes Ziel wäre Bescheidenheit wohl.

Doch er hält diese Beurteilung bis heute für höchst zweifelhaft. Es ist doch keine Bescheidenheit, wenn man langsamer als die anderen zugreift oder ihnen den Vortritt lässt. Allerdings hat er sich auch nie vorgedrängt. Das verbietet ihm sein Stolz.

Das abwägende Verhalten, also das umsichtige Verhalten in allen Lebenslagen, ist ihm erst durch einen späten ärztlichen Befund bewusst geworden. Ist das nichts Normales? Da hat die Ärztin wohl sehr aufmerksam hingeschaut.

Was er aber sich selbst zuschreibt, ist die Beharrlichkeit, mit der er die Erreichung seiner Ziele verfolgt hat. Das hat ihm keiner bescheinigt, das war stets seine Art, Aufgaben zu bewältigen. Er ist manchmal einen Schritt weiter gekommen, als er sich vorgenommen hatte. Das hat ihn selbstverständlich erfreut.

Neugier muss sein. Doch das ist ein weites Feld. Es reicht von der Wissbegierde bis zur Schnüffelei.

Wer durch die Fluren seiner kleinen Stadt wandert, der will gewiss nicht schnüffeln oder spionieren.

Unser fortwährender Trieb, Neues zu erfahren, man nennt ihn auch Neugier, ist der Grund dafür, dass wir Erfahrungen sammeln. Die Weitergabe von Erfahrungen kann ein Baustein für den sozialen Fortschritt sein. Dazu tragen auch die Alten mit ihren Lebenserfahrungen bei, wenn man sie nur zur Kenntnis nimmt.

Wer als junger Mensch seine

Stadt und ihre Fluren

durchwandert hat,

ist vom Weltgeschehen noch ein gutes Stück entfernt.

Aber er weiß von der Welt schon mehr als einer,

der in der gleichen Zeit auf der faulen Haut gelegen hat.

Weiterführende Bücher von Rolf Theuring

Aschersleben damals

Als die Zeit zu laufen begann

Rückblick auf ein Ende

Wer erinnert sich noch an 1945/46?

Morgen sínd wir klüger

Die Zukunft aus der Nähe betrachtet

Deine Stunde schlägt erst später

Ein langes Leben braucht seine Zeit.

Die Zeit nimmt alles mit, auch uns.